Monika Sibila

Geschichte der Kinderarbeit

Monika Sibila

Geschichte der Kinderarbeit

GRIN Verlag

Bibliografische Information der Deutschen Nationalbibliothek: Die Deutsche Bibliothek
verzeichnet diese Publikation in der Deutschen Nationalbibliografie; detaillierte bibliografische Daten sind im Internet über http://dnb.d-nb.de/ abrufbar.

1. Auflage 2004
Copyright © 2004 GRIN Verlag
http://www.grin.com/
Druck und Bindung: Books on Demand GmbH, Norderstedt Germany
ISBN 978-3-638-91795-7

SEMINARARBEIT
Geschichte
SS2004

Geschichte
der
Kinderarbeit

Eingereicht von:
Monika Sibila

INHALTSVERZEICHNISS

Abbildungsverzeichniss

Einleitung

Kinderarbeit hat es schon immer gegeben, in allen Epochen und in allen Kulturen. Es gab autochthone Formen von Kinderarbeit in den Indio Kulturen, sowohl auch in den orientalischen Hochkulturen, bis hin zum Mittelalter und Industrialisierung. Die moderne Weltwirtschaft hat sie zwar in Europa oder besser gesagt in den Industriel ndern letztendlich abgeschafft, aber eigentlich ist sie nur geographisch verschoben worden. Die Armen der dritten Welt und Ihre Kinder arbeiten f r uns.

Kinderarbeit ein historischer Normalfall ist, und es ist die Errungenschaft der P dagogik, dass sie in Europa abgeschafft wurde. Der Bildungsprozess des lernenden Kindes oder Jugendlichen gewann mit der Zeit immer mehr an Bedeutung und durch Bildung konnte man sich vor Ausbeutung der verschiedenen Sektoren wie Industrie, Landwirtschaft, und Handwerk sch tzen. In den Schwellenl ndern und der sog. Dritten Welt ist Schulbildung eine Mangelware. Die Verh ltnisse der sog. Dritten Welt fassen aber auch wieder Fu in Europa. In welcher Form es sie gibt und in welcher Form es sie in der Vergangenheit gegeben hat, wird in dieser Arbeit abgehandelt.

Kinderarbeit Heute

Das 20.Jahrhundert ist in p dagogischen Kreisen als das Jahrhundert des Kindes ausgerufen worden. Es gab enorm viele Reformen in diesem Bereich, die Kinderarbeit verringern sollte. Die Schule als Arbeitsort der Kinder wurde propagiert. Heute jedoch in einer Globalisierung der Weltwirtschaft, die zu sogenannten Entwicklungsl ndern gef hrt hat, steigen die Zahlen der arbeitenden Kinder und der, die auf Strassen leben. Und dies nicht nur in den Entwicklungsl ndern, sondern auch in Europa werden steigende Zahlen an arbeitenden Kindern und Stra enkindern gemeldet. Wir finden diese Kinder in St. Petersburg, Portugal und sogar in Deutschland. Die Rechte dieser

Kinder haben weltweit an Diskussionen zugenommen. Die Probleme werden aufgenommen und Projekte organisiert. Allerdings beschränken sich das Ausmaß solcher Bestrebungen eher auf Lateinamerika. Osteuropa und Deutschland treten erst ins Bewusstsein der Öffentlichkeit. Kinderarbeit ist nicht nur ein Phänomen der Industrialisierung, es gab sie auch schon in vorindustrieller Zeit. Zu allen Zeiten und in allen Kulturen arbeiteten Kinder gemeinsam mit ihren Eltern, sobald sie alt genug dazu waren, einfache Arbeiten auszuführen. Bereits im europäischen Mittelalter war es üblich, Kinder zu Frondiensten heranzuziehen, sobald sie im arbeitsfähigen Alter waren. Durch die Einführung des Fabriksystems wurden Kinder gezwungen, getrennt von ihren Eltern zu arbeiten. Sehr gute Literatur und Untersuchungen zum Thema Kinderarbeit gibt vom letzten Drittel des 18.Jahrhunderts bis zum Ersten Weltkrieg. Hier wird auch erstmals Kinderarbeit gesetzlich definiert und geregelt. Kinderarbeit ist jene „Arbeit die von Kindern unter 15 Jahren mehr oder weniger regelmäßig ausgeübt wird, um für sich oder die Familie zum Lebensunterhalt beizutragen" [1]

Die Zwischenkriegszeit im Mittel- und westeuropäischen Raum ist für die Kinderarbeit eher uninteressant, es werden kaum markante Gesetze beschlossen und es liegen kaum Statistiken vor, die Kinderarbeit in diesem Zeitraum datieren. War man doch der Meinung in Österreich, das weder vom wirtschaftlichen noch sozialen Standpunkt die Kinderarbeit ins Gewicht fällt. [2] In den Siebzigern und Achtzigern Jahren gibt es wieder zahlreiche Studien zur Kinderarbeit, vor allem zu jener in der dritten Welt, aber auch von Portugal und Italien gibt es Berichte. Die Berichte zeigen die modernen Formen der Kinderarbeit auf: Prostitution, Drogenhandel, Kinderarbeit in Tourismus, - Bekleidungs-, - und Schuhindustrie. Es wird sogar berichtet, dass in den arabischen Ländern Kinder als Jockeys für Kamelrennen benutzt werden. [3] Wir finden aber auch

---

[1] Große-Oetringhaus, Hans-Martin/ Strack, Peter (Hrsg.): Verkaufte Kindheit, Münster, Westfälisches Dampfboot, 1995 S.19

[2] Papathanassiou, Maria: Zwischen Arbeit, Spiel und Schule, Wien, Verlag f. Geschichte u. Politik, 1999 S.37

[3] Große-Oetringhaus, Hans-Martin/ Strack, Peter (Hrsg.): Verkaufte Kindheit, Münster, Westfälisches Dampfboot, 1995 S.28

alte Formen der Kinderarbeit vor, sei es im Haushalt, in der Landwirtschaft, in Webspinnereien oder Glasfabriken.

Abbildung 1: Kinderarbeit in Indien

F□r die Geschichtsschreibung und Entwicklung der Kinderarbeit ist das 18. und 19. Jahrhundert revolution□r, forderte doch die Industrialisierung Spitzenarbeitszeiten von 16 Stunden pro Tag von den Kindern in den Fabriken. Hier wurde Kinderarbeit, bis dorthin eine normale Tatsache, zum erstenmal ein soziales Problem, das □ffentlich diskutiert wurde.

Kinderarbeit zur Zeit der Industrialisierung

Kinderarbeit verteilte sich nicht gleichmäßig im ganzen Staat, sonder war in bestimmten Industriebezirken vertreten. Die Kinder arbeiteten in mechanischen Spinnereien und Webereien, in der Nadel, Glas- und Tabakindustrie und im Bergbau. 10 bis 12 Stunden wurde täglich geschuftet. 14 bis 16 Stunden am Tag waren aber auch möglich. Die Berichte von dieser Zeit weisen auf die moralischen und physischen Folgen der Kinderarbeit hin. Unzulängliche Körperentwicklung, Körperschwäche, Abmagerung Brust und Lungenentzündungen traten bei Kindern auf.[4]

Die Schulpflicht in Deutschland gab es zum Beispiel schon seit 1825, aber niemand unternahm etwas dagegen, dass diese auch eingehalten wurde. Es waren Pädagogen die dieses Problem aufgriffen, und ihre pädagogischen Gesichtspunkte zum Gebrauch der Kinder in Fabriken äußersten. Der Pädagoge F.A.W. Diesterweg forderte mehr Freiraum für Kinder, die im Spiel sich kreativ entfalten sollten und nichts mit Produktion zu tun haben sollten.[5] Damit war er ein Gegner der Industriepädagogen geworden, deren Ziel es war das Kind zur Nützlichkeit in der Gesellschaft zu erziehen. Sie argumentierten damit, dass Kinder spielend die Arbeit lernen könnten. Die damaligen anders denkenden Pädagogen waren ziemlich machtlos gegenüber der Industrieblobby.

Diese förderte den verstärkten Einsatz von Kinder und Frauenarbeit in den Fabriken, weil dadurch die Lohnkosten niedriger waren. In den Industriebezirken fiel somit der Familienvater als Verdiener aus. Frauen und Kinder übernahmen diese Funktion, und die armen Familien waren froh das irgendwer das Existenzminimum sichern konnte. In den meisten Fällen empfanden diese Familien nichts negatives dabei, dass ihre Kinder

---

4 Adick, Christel: Straßenkinder und Kinderarbeit, Frankfurt a.M. IKO, 1997 S.33-34
5 Papathanassiou, Maria: Zwischen Arbeit, Spiel und Schule, Wien, Verlag f. Geschichte u. Politik, 1999 S.37

arbeiten gehen musste. Ansonsten wären sie ja bettelnd auf der Strasse gesessen.[6] Die ungebildeten Arbeiterfamilien erkannten allerdings nicht, das Kinderarbeit nicht unschädlich für den sich in Entwicklung befindenden Kinderkörper war.

Abbildung 2: Kinder im Bergbau

Die ersten Kinderarbeitschutzgesetze in Preußen

König Wilhelm III erlies am 9.03.1839 das erste Kinderarbeitschutzgesetz in Preußen. Dieses Gesetz verbot die Arbeit von Kindern unter neun Jahren in Fabriken, Berghütten und Pochwerken. Es schrieb auch vor, dass Jugendliche unter 16 Jahren keine Arbeit in Fabriken annehmen dürfen, sofern sie nicht die Muttersprache fließend lesen konnten und Schreiben gelernt hätten. Des weiteren wurde die Nachtarbeit verboten, und die Arbeitszeit für Jugendliche unter 16 Jahren wurde beschränkt auf 10 Stunden am Tag.[7] Auf Grund dessen, dass es noch niemanden gab der in den Fabriken die Einhaltung dieses Gesetzes kontrollierte, erwies sich das Gesetz sehr bald als unwirksam. Aber es kam ein Stein ins Rollen mit diesem Gesetz. Diskutiert wurde in ganz Deutschland über die Kinderarbeit in den Fabriken und führte in Bayern(1840) und Baden(1840) zu

---

6 Eversmann Friedrich: Übersicht der Eisen und Stahlerzeugung auf Wasserwerken in den Ländern zwischen Lahn und Lippe, Beylagen, Dortmund 1804, S.287f
7 Adick, Christel: Straßenkinder und Kinderarbeit, Frankfurt a.M. IKO, 1997 S.50

gesetzlichen Initiativen. Auch in Österreich tat sich einiges. War für den österreichischen Staat des 18. Jahrhunderts Kinderarbeit noch kein wichtiges Thema begann in der ersten Hälfte des 19. Jahrhunderts ein Tauziehen um den Kinderschutz zwischen Unternehmern und Beamten. [8]

Was hatte jedoch den plötzlichen Sinneswandel herbeigeführt?

Zuerst wurde die Kinderarbeit von den Fabrikinhabern hoch gepriesen. Durch die Maschinen war keine körperliche Kraft mehr gefragt, sondern eher manuelle Geschicklichkeit. Somit waren Frauen und Kinder gefragt, weil diese billigere Arbeitskräfte waren als Männer. Wie bereits schon erwähnt konnten somit die Lohnnebenkosten deutlich gesenkt werden und die Kinder wurden von den Strassen, in denen sie meist bettelnd unterwegs waren, in den Fabriken verstärkt eingesetzt. Dies wurde von den Industriellen immer wieder als positives Argument für die Berechtigung der Kinderarbeit eingesetzt. Der Wettkampf in den Textilspinnereien war groß England war sehr führend in diesem Bereich und Deutschland tat alles um den europäischen Markt wettbewerbsfähig zu erhalten. Dies bedeutete aber mehr Kinderarbeit und Arbeitzeiterhöhung. 16 Stunden am Tag war keine Seltenheit. Die sozialen Folgen blieben nicht aus und bald erkannten auch die damals Regierenden, dass es keinen Sinn hatte aus Kindern Fabrikarbeiter zu machen. Kuszinski zitiert in seinem Buch einen damaligen Politiker:

Es kann nicht im Entferntesten die Absicht sein, den Fortschritten der Fabrikation irgendein positives Hindernis entgegenzusetzen, wohl aber scheint es mir eine unerlässliche und bisher zu großem Nachteil versäumte Pflicht, zu verhindern, dass die frühe Gewöhnung zur Fabrikation in eine Verwöhnung ausarte, dass die Erziehung zum Fabrikarbeiter auf Kosten der Erziehung zum Menschen und Staatsbürger betrieben werde und dass der Mensch genötigt werde, die höchste mechanische Fertigkeit in einem einzelnen Handgriff mit dem Verlust seiner moralischen Freiheit zu erkaufen, ehe er selbst erkennen kann, wie viel dieser Kauf ihn kostet. [9]

8 Papathanassiou, Maria: Zwischen Arbeit, Spiel und Schule, Wien, Verlag f. Geschichte u. Politik, 1999 seite 25

9 Kucynski J.: Hardenbergs Umfrage über die Lage der Kinder in den Fabriken und andere Dokumente aus der Frühgeschichte der Lage der Arbeiter. Berlin, 1960

Dieser Sinneswandel der Politiker war wohl auch den damaligen Pädagogen zu verdanken, die immer wieder daraufhin wiesen das eine Nation kluge, gewandte und gebildete Menschen brauche. Man wollte den geistigen und moralischen Zustand des Volkes heben, die materiellen Besitztümer unter den Bevölkerungsgruppen gerechter verteilen. Schule und Unterricht sollte aber auch ein Mittel gegen die weit und verbreiteter Armut und das Elend dieser Zeit sein. Industrieschulen gab es schon gegen Ende 18. Jahrhunderts, diese waren aber kaum auf eine allgemeine Volkserziehung ausgerichtet. Industrieschulen waren Lehranstalten, die den Kindern das Spinnen beibringen sollten.

Ab 1789 entstand eine Pädagogik die der allgemeinen Volkserziehung dienen sollte. Interessant ist es, das mehr Mädchen damals die Schulen besuchten als junge Burschen. Die jungen Männer wollte man dem einheimischen Handwerks Gewerbe die Arbeitskräfte nicht entziehen. Mädchen sollten eine fundierte Ausbildung in Stricken, Nähen, Weben und Klöppeln erhalten.

In Österreich war es die organisierte sozialdemokratische Lehrerschaft, die den Kampf gegen die Kinderarbeit führte. Die schlechten Schulleistungen und die Abwesenheit aufgrund von Arbeit machten für sie die Kinderarbeit zum sozialen Problem. Sie führten Erhebung über die Erwerbstätigkeit der Kinder durch, veröffentlichten diese und hofften somit das öffentliche Gewissen aufzurütteln. 53 Schulklassen wurden befragt, 2740 Kinder, davon wurden insgesamt 13 Prozent zu schweren Erwerbsarbeiten, teilweise auch zu häuslichen Arbeiten verwendet.[10]

---

[10] Papathanassiou, Maria: Zwischen Arbeit, Spiel und Schule, Wien, Verlag f. Geschichte u. Politik, 1999 , S28

Kinderarbeit in der Landwirtschaft

Hierzu gibt es sehr gute historische Literatur im Zeitraum 17. bis 20. Jahrhundert. Kinder arbeiteten in allen Bereichen der Landwirtschaft mit. Bei der bäuerlichen Landwirtschaft war es Feldarbeit, also die Mais, Heu und Getreideernte, aber auch die Obsternte und die Betreuung des Viehes. Bei der Heuernte mussten sie das Heu ernten, die Heurester nachrechen, das Heu am Wagen festtreten und mithelfen das Heu an den Dachboden zu befördern. Bei der Kartoffelernte setzten die Kinder die Kartoffeln ein, um sie dann wieder bei der Ernte auszugraben und mit dem Schubkarren nachhause zu fahren. Seit dem 18. Jahrhundert breiteten sich Kartoffel und Rüben aus, diese sind in ihrem Anbau arbeitsintensiv, deshalb wurden Kinder hier verstärkt eingesetzt. Die Beschäftigung Nummer eins war aber immer noch Viehhüten.[11] Viehhüten ist eine eher unkomplizierte Arbeit, aber benötigt sehr viel Zeit. Später als die Viehlandwirtschaft sich mehr und mehr von der Weide in den Stall verlagerte, mussten Kinder die Stallfütterung und Stallsäuberung vornehmen. Sie entmisteten, trieben die Tiere zur Tränke und suchten Hühnereier.

Auch im Getreideschnitt waren sie tätig. So lernten die Kinder schon früh den Umgang mit der Sense. Gegen Ende des 18. Jahrhundert ersetzte jedoch die Sichel die Sense, und somit wurde diese Tätigkeit Männerarbeit.[7] Es gab auch Kindermärkte, an denen die Bauern Kinder kaufen konnten und mit nachhause auf ihren Hof nehmen konnten. Es gibt Berichte, die von Kindermärkten in Niederösterreich erzählen am Ende des 19. Jahrhunderts.[12] Auf diesen wurden ungarische Kinder an heimische Bauern verkauft. Die Kinder wurden auf den Märkten begutachtet, abgetastet und je nach Gefallen und Belieben gekauft und auf den Hof mitnachhausgenommen, wo sie dann schwer arbeiten mussten.

---

11 Papathanassiou, Maria: Zwischen Arbeit, Spiel und Schule, Wien, Verlag f. Geschichte u. Politik, 1999, S.61-65
1212 Papathanassiou, Maria: Zwischen Arbeit, Spiel und Schule, Wien, Verlag f. Geschichte u. Politik, 1999 ,S 66

Was die Arbeitszeit der Kinderarbeit am Land anbelangt, so war diese stark Jahreszeiten abhängig und von der Dauer des Tageslichtes. Die Erntezeit war besonderst arbeitsintensiv. Mit der Einführung der Schulpflicht mussten die Arbeiten vor oder nach der Schulzeit erledigt werden oder in den Schulferien. Allerdings war es möglich die Kinder vom Schulunterricht für bestimmte arbeitsintensive Zeiträume zu befreien. Die Schulen bemühten sich auch, die Ferien so zu legen, dass diese in den landwirtschaftlichen Spitzenzeiten fielen, somit also Juli, August, September und Anfang Oktober. Die Entlohnung für landwirtschaftliche Arbeiten war Essen und Kleidung. Auch heute noch gibt es Kinderarbeit in der Landwirtschaft. Es sind dies Bauernjungen in Afrika, Kinder in Palästina die Schafe hüten, Kinder die in Südamerika Lamas und Alpakas in die Anden führen um dort karges Bergfutter zu finden.

heimkehr aus dem heu.

Herrlich ist es allemal.   Stolz marschiert der Ferdinand
Wird gemäht im Wiesental.   Mit dem Rechen in der Hand.
Hoch zu Roß lenkt das Gespann   Und im Heu die kleine Maus
Heim der kleine Reitersmann.   Guckt nur mit dem Köpfchen 'raus!

Abbildung 3 Bild von heimkehrenden Bauernfamilie von der Heumahd

Literaturliste

Adick, Christel: Straßenkinder und Kinderarbeit, Frankfurt a.M. IKO, 1997

Papathanassiou, Maria: Zwischen Arbeit, Spiel und Schule, Wien, Verlag f. Geschichte u. Politik, 1999

Große-Oetringhaus, Hans-Martin/ Strack, Peter (Hrsg.): Verkaufte Kindheit, Münster, Westfälisches Dampfboot, 1995

Dorigny, Marie/ Chalandon, Sorj: Kinder in Ketten, Genf/München, Ariston Verlag, 1993

Klocke, Andreas/ Hurrelmann, Klaus (Hrsg.): Kinder und Jugendliche in Armut, Wiesbaden, Westdeutscher Verlag, 2001

Plüss, Christine: Ferienglück aus Kinderhänden, Zürich, Rotpunktverl., 1999

Liebel, Manfred: Kindheit und Arbeit, Frankfurt a.M./London, IKO, 2001

Duncker, Röte: Die Kinderarbeit und ihre Bekämpfung, Stuttgart, Verl. v. J. H. W. Dietz 1910

Ripper, Werner: Weltgeschichte im Aufriss, Frankfurt a.M., Verl. Moritz Diesterweg, 1999

Eversmann Friedrich: Übersicht der Eisen und Stahlerzeugung auf Wasserwerken in den Ländern zwischen Lahn und Lippe, Beylagen, Dortmund 1804

Kucynski J.: Hardenbergs Umfrage über die Lage der Kinder in den Fabriken und andere Dokumente aus der Frühgeschichte der Lage der Arbeiter. Berlin, 1960
Bildnachweis

BILDNACHWEIS

Titelbild
http://www.lsg.musin.de/Geschichte/lkg/indrev/kinderarbeit_und_die_folgen.html
Stand am 30.09.04

Abbildung 1
www.brot-fuer-die-welt.de/ kinder
Stand am 1.07.04

Abbildung 2
www.lsg.musin.de/Geschichte/lkg/indrev/kinderarbeit_und_die_folgen.html
Stand am 30.09.04

Abbildung 3
www.saxonia.com/ galerie/001853.htm
Stand am 5.05. 04

CPSIA information can be obtained
at www.ICGtesting.com
Printed in the USA
LVIC041749270112

265912LV00001B